69778566R00061

Made in the USA
Lexington, KY
05 November 2017